I0057942

COMÉDIE-FRANÇAISE

BIBLIOTHÈQUE NATIONALE

R F

IMPRIMÉS

84
1800

COMÉDIE-FRANÇAISE

DÉCRETS

ET

ORDONNANCES

BIBLIOTHÈQUE NATIONALE
R F
IMPRIMÉS

SOCIÉTÉ

Entre Mesdames et Messieurs

LES COMÉDIENS FRANÇAIS

Articles de l'Acte de Société d'entre les Comédiens Français, passé devant M° HUA, le vingt-sept Germinal an XII.

ARTICLE PREMIER.

Les Comédiens français comparants se sont associés pour l'exploitation du Théâtre-Français à Paris.

ART. 2.

Cette Société a commencé à compter du premier pluviôse an XI, et sa durée est illimitée.

ART. 3.

Elle sera purement commanditaire sous l'autorité expresse du Gouvernement, au moyen de quoi chacun desdits Sociétaires partagera les bénéfices de la Société, en raison de la portion qu'il y aura, et en supportera les charges dans la même proportion, seulement sur les produits de ladite portion, sans qu'il puisse être établi aucune solidarité entre eux, et sans que leurs biens meubles et immeubles personnels en soient aucunement chargés.

Art. 4.

La Société se divise en vingt-cinq parts qui seront réduites à vingt-trois, dont une restera en séquestre pour les besoins imprévus.

Ces vingt-cinq parts seront distribuées et appartiendront auxdits Sociétaires dans les proportions fixées par un état arrêté par le Préfet du palais du Gouvernement chargé de la surintendance du Théâtre-Français.

Art. 5.

Chaque part sera susceptible de sous-division ; aucun comédien ne pourra être admis dans la Société à moins d'un quart de part.

Art. 6.

Après deux années, tout Sociétaire à quart de part aura droit à un huitième de part, et dans le cas où il ne vaquerait pas à cette époque une part ou portion de part dans laquelle il pût prendre ce huitième, il le prélèvera sur la part en réserve.

ART. 7.

Nul Sociétaire ne pourra parvenir à une portion plus considérable que les trois huitièmes de part dont il est parlé dans l'article précédent que par délibération du Comité d'administration, conformément aux règlements.

ART. 8.

Le tiers seulement du produit de la part ou portion de part d'un Sociétaire pourra être cédé par lui et saisi par ses créanciers ; le surplus est expressément réservé audit Sociétaire pour ses aliments et habillements ; ce tiers, en cas de cession, saisie ou opposition, sera retenu par le caissier pour être distribué entre ses créanciers tel que de droit, conformément aux anciens usages et règlements ; il en sera de même à l'égard des appointements des comédiens, appointements qui se trouveront attachés à tel titre que ce soit.

ART. 9.

Les comédiens Sociétaires actuellement en activité sont et demeurent classés conformément au tableau arrêté par le Préfet.

A l'avenir ils le seront suivant leur rang d'ancienneté dans l'emploi que désignera leur titre de réception.

Art. 10.

Le droit d'ancienneté datera pour les Sociétaires du jour de leur réception, et le droit à la pension du jour même de leurs débuts.

Débuts et Admissions.

Art. 11.

Aucun sujet après ses débuts ne sera admis qu'à l'essai.

Cet essai durera plus ou moins longtemps selon que le Gouvernement ainsi que le Comité d'administration le jugeront convenable, et ne pourra néanmoins être de moins d'un an.

Retraites et Pensions.

Art. 12.

Après vingt ans de service seulement, tout Sociétaire prendra sa retraite, à moins que le Gouvernement et le Comité d'administration n'en décident autrement.

Art. 13.

Le Sociétaire qui se retirera après vingt ans de service aura droit à une pension viagère de deux mille francs de la part du Gouvernement et à une pension égale de la part de la Société.

Si, à l'expiration desdites vingt années, il continue d'exercer, chacune des pensions sera augmentée de cent francs par chaque année au delà desdites vingt années jusqu'à sa retraite.

ART. 14.

Conformément à l'art. 38 de l'organisation de la Société, la pension de la Société sera considérée comme secours alimentaire et ne pourra conséquemment être saisie par aucun créancier.

ART. 15.

S'il survient à l'un des Sociétaires des accidents ou infirmités avant le terme de vingt années qui le mettent hors d'état de continuer son service, il aura droit à une quotité ou à la totalité de la pension de deux mille francs de la Société, sauf le recours du Sociétaire au Gouvernement pour raison de la pension qu'il accorde dans les cas pareils prévus par les règlements. La nature, la cause ou la gravité desdits accidents ou infirmités, seront préalablement constatées par deux médecins et deux chirurgiens désignés par le Comité d'administration.

ART. 16.

Le payement des arrérages de pension sera fait de trois en trois mois.

Art. 17.

Pour assurer et effectuer le payement des pensions de la Société, il sera établi un revenu annuel de cinquante mille francs qui sera destiné au payement des arrérages.

Art. 18.

La somme nécessaire pour produire ces cinquante mille francs sera fournie par les Sociétaires sur les produits de la recette de la Comédie-Française. La retenue de cette somme sera faite par le caissier de la Comédie-Française à raison de cinquante mille francs par année, savoir : six mille francs par chaque mois d'hiver, à compter du 1er vendémiaire jusqu'au 1er germinal, et deux mille trois cent trente-trois francs trente-trois centimes, par chacun des six mois d'été, à compter du 1er germinal jusqu'au 1er vendémiaire.

Art. 19.

Ces sommes seront remises de mois en mois par le caissier entre les mains du notaire de la Société, pour être par lui placées, à mesure desdites remises, sur le Mont-de-Piété, pour la nue propriété au profit des Sociétaires du Théâtre-Français collectivement, et pour l'usufruit à celui des pensionnaires du Théâtre-Français.

Les intérêts de ces sommes ainsi placées seront ajoutés aux capitaux progressivement jusqu'à la formation du capital nécessaire productif desdits cinquante mille francs, et sauf cependant la retenue annuelle pour l'acquittement des arrérages desdites pensions.

ART. 20.

Le fonds desdits cinquante mille francs appartiendra à la masse générale de la Société pour la nue propriété, pour former le gage desdites pensions ; en conséquence, aucun des comédiens pensionnaires, ni même la masse générale de ladite Société, ne pourra en rien distraire ni en disposer pour quelque cause que ce soit, même dans le cas de dissolution de la Société par le fait desdits Sociétaires, force majeure, ou cas imprévus.

ART. 21.

Et attendu que chacun desdits Sociétaires contribuera à la formation dudit capital de cinquante mille francs de revenu, à raison de sa part dans ladite Société, par le fait de la retenue ci-dessus exprimée, la portion pour laquelle il aura contribué pendant son exercice lui sera remboursée, ou à ses héritiers, dans les trois mois qui suivront l'époque de sa retraite ou de son décès, avec l'intérêt sur le pied du denier vingt, sans retenue, à compter du jour de sa retraite ou de son décès.

Art. 22.

Aucun desdits Sociétaires ne pourra aliéner la portion pour laquelle il aura contribué dans le fonds desdites pensions ; ses créanciers ne pourront saisir ni arrêter ce même fonds, à l'effet de quoi chaque Sociétaire abandonne, dès à présent, à la masse desdits comédiens pensionnaires, la jouissance de ladite portion, sauf à ladite Société à acquitter ladite portion aux époques ci-dessus déterminées, et sauf aux créanciers saisissants à faire valoir leur saisie à compter du jour desdites retraites ou décès.

Art. 23.

Pour assurer auxdits pensionnaires retirés l'emploi desdits fonds et conséquemment le payement de leurs pensions, chacun desdits emplois ne pourra être fait que de concert avec deux de leurs commissaires qu'ils nommeront ; il en sera de même lorsqu'il y aura lieu au recouvrement desdites sommes, qui ne pourra être fait qu'en la présence et du consentement desdits commissaires. Toutes ces opérations ne pourront être faites qu'en présence

ou du consentement du Commissaire du Gouvernement.

Art. 24.

Lorsque le capital placé sur le Mont-de-Piété
s'élèvera à une somme excédant le tiers de la somme
qui, suivant le cours alors connu, devra produire un
revenu annuel de cinquante mille francs, le notaire
dépositaire, sous l'autorisation des deux commissaires nommés par les pensionnaires, de deux autres
nommés par les Sociétaires et du Commissaire du
Gouvernement, pourra retirer de l'administration
du Mont-de-Piété moitié de la somme qui y aura été
déposée, pour ladite moitié être par lui placée par
contrat de constitution ou obligation par première
hypothèque sur des biens immeubles situés dans le
ressort du tribunal de première instance du dépar-
tement de la Seine, dont la valeur excédera le double des sommes prêtées. Il en sera de même agi
jusqu'à l'époque où le capital sera complet, de manière qu'à cette époque il soit placé moitié dans la
caisse de l'administration du Mont-de-Piété, et l'autre
moitié soit sur l'État, soit par première hypothèque
sur des propriétés particulières.

Art. 25.

Tous les contrats, obligations ou reconnaissances

qui seront souscrites et les inscriptions qui seront prises, le seront collectivement au profit des Sociétaires du Théâtre-Français pour la nue-propriété, et pour l'usufruit à celui des pensionnaires du Théâtre-Français, sans cependant que chacun desdits pensionnaires puisse prétendre audit capital.

Art. 26.

Dans le cas où, par tel événement que ce soit, lesdits capitaux éprouveraient des réductions ou viendraient à être perdus en tout ou en partie, il sera fait un prélèvement de sommes suffisantes pour compléter un capital productif de cinquante mille francs de revenu, et ce sur les recettes de la Comédie dans la même proportion que celle indiquée en l'article 18 ci-dessus.

Dans tous les cas, les pensions seront payées sur les recettes de la Comédie, sauf à la Société à se couvrir, s'il y a lieu, sur les fonds dont le prélèvement a été ci-dessus énoncé.

Art. 27.

Arrivant la dissolution de ladite Société, le fonds des pensions appartiendra aux artistes alors en exercice, et néanmoins continuera de servir les arrérages des pensions tant des artistes retirés que de ceux alors en exercice qui auront droit.

Art. 28.

Au fur et à mesure des extinctions, les fonds devenus libres serviront à remplir les Sociétaires des retenues à eux faites qui leur resteront dues. En cas d'insuffisance, ils supporteront la perte au marc le franc, et en cas d'excédant, ils partageront le bénéfice au prorata des parts qu'ils avaient dans la Société.

Comité d'Administration.

Art. 29.

Les fonctions du Comité sous le rapport de l'administration sont d'inspection, de surveillance et de proposition. Elles sont réglées, ainsi que la police des assemblées et de tout ce qui concerne l'administration, par un règlement particulier.

Art. 30.

Les membres ne pourront, sous peine de responsabilité personnelle, ordonnancer aucune somme au delà de cent francs sur le même objet sans l'aveu de la Société assemblée, ni faire aucune poursuite judiciaire sans l'avis signé des membres composant le Conseil de la Société.

ART. 31.

La police tant des assemblées du Comité que des assemblées de la Société, ainsi que les détails d'administration, seront fixés par un règlement particulier.

Comptabilité.

ART. 32.

Les recettes seront faites et les dépenses de la Société acquittées par un caissier choisi par la Société et agréé par le Gouvernement.

ART. 33.

Aucun parent de comédien en activité ne pourra en remplir les fonctions.

ART. 34.

Sans rien préjuger sur le cautionnement des soixante mille francs fournis en inscriptions par le sieur Cormeille, caissier actuel, ses successeurs seront tenus de fournir un cautionnement de soixante mille francs en immeubles de valeur double.

ART. 35.

Dans le cas où les immeubles qui seraient offerts à titre de cautionnement seraient grevés d'hypothèques, ils ne seront reçus qu'autant que leur valeur sera du double des hypothèques qui existeraient, et de soixante mille francs de cautionnement.

Art. 36.

Ce cautionnement ne sera reçu qu'après examen préalable des titres de propriété des immeubles et du certificat du conservateur des hypothèques, et sur le rapport qui en sera fait par le notaire de la Société ou autre membre du Conseil.

Art. 37.

Celui qui se rendra caution du caissier sera tenu de, fournir auxdits Sociétaires, aux frais dudit caissier, copie collationnée en bonne forme des titres de propriété desdits biens ; ces copies seront déposées entre les mains du notaire de ladite Société, et ne seront remises à la caution que lorsqu'elle sera entièrement déchargée de son cautionnement.

Art. 38.

Les inscriptions et actes nécessaires pour la conservation dudit cautionnement seront faits et renouvelés, quand il y aura lieu, aux frais dudit caissier.

Art. 39.

Ladite caution ne pourra obtenir la mainlevée desdites inscriptions, oppositions ou autres actes conservatoires, qu'après l'apurement des comptes du caissier, retiré ou décédé.

Art. 40.

A la fin de chaque mois les états de recette et de

dépense seront visés et arrêtés par le Commissaire
du Gouvernement et le Comité.

ART. 41.

Le caissier prélèvera, en la présence du Commissaire du Gouvernement et des membres du Comité,
sur la recette.

1° Les honoraires des comédiens à l'essai et
appointés, ainsi que la solde des employés et
gagistes ;

2° Le montant des mémoires, tant pour dépenses
courantes que pour fournitures extraordinaires ;

3° La somme prescrite pour le fonds et les arrérages des pensions de la Société.

ART. 42.

Le surplus est partagé entre les Sociétaires suivant
la portion de part déterminée pour chacun d'eux.

ART. 43.

Le caissier est autorisé à toucher tous les six mois
à la caisse d'amortissement les arrérages des cent
mille francs de rente accordés par le Gouvernement,
ainsi que de toutes autres rentes et sommes qui
pourront être accordées par le Gouvernement à la
Société à tel titre que ce soit.

ART. 44.

Dans le courant du même mois il soldera sur les

états dressés par le Commissaire du Gouvernement et visés par le Préfet :

1° Un semestre du loyer de la salle, déduction faite de l'imposition foncière ;

2° Un semestre des pensions accordées aux artistes retirés ;

3° Un semestre des indemnités pour supplément d'appointements accordé par le Gouvernement.

Art. 45.

A la fin de chaque année le caissier dressera un compte général de recettes et de dépenses tant pour les fonds de la Société que pour les fonds accordés par le Gouvernement ; ce compte sera arrêté définitivement par l'assemblée générale en la présence du Commissaire du Gouvernement et des membres composant le Conseil de la Comédie.

Pièces nouvelles.

Art. 46.

Aucune pièce ne pourra être représentée sur le théâtre desdits Sociétaires que revêtue de l'approbation du Gouvernement.

Discipline.

Art. 47.

Sera exclu de la Société tout Sociétaire qui aura

été absent ou aura cessé son service six mois sans
le consentement par écrit de la Société, le tout sans
préjudice des autres moyens de répression portés
aux règlements pour ces cas ou autres pareils.

Encouragements et Récompenses.

Art. 48.

Lorsque le Gouvernement et les Sociétaires jugeront convenable de prolonger au delà de vingt-cinq
ans le service d'un Sociétaire, le Sociétaire vétéran
joindra à son traitement d'activité le tiers de la pension de la Société, depuis vingt-cinq ans jusqu'à
trente, la moitié depuis trente jusqu'à trente-cinq,
et la totalité depuis trente-cinq jusqu'à sa retraite.

Cette mesure n'aura son exécution qu'à l'époque
où les parts de la Société seront réduites à vingt-
trois, ainsi qu'il est prescrit ci-dessus.

Art. 49.

Tout Sociétaire ayant servi trente ans aura droit
au produit d'une représentation à son choix donnée
par ses camarades lors de sa retraite de ladite Société.

Adhésion à l'Acte de Société.

Art. 50.

Les artistes qui seront par la suite reçus comme

Sociétaires seront tenus de prendre communication du présent acte de Société, ensemble des règlements, et d'y adhérer par un acte particulier, ensuite des présentes, dans la huitaine de leur réception.

Toutes les difficultés qui pourront s'élever entre les artistes pendant l'existence et la durée de la présente Société sur aucunes clauses du présent acte en ce qui touche leurs intérêts respectifs et en toutes matières contentieuses, seront jugées en dernier ressort par les membres composant le Conseil de la Comédie.

La décision qui sera portée sera sans appel et sans recours en cassation.

Conseil.

Art. 51.

Il y aura un Conseil de la Société.

Art. 52.

Le Conseil sera composé de jurisconsultes, notaires et avoués.

Art. 53 et dernier.

La Société nomme par les présentes pour composer son Conseil, savoir :

2

MM. DELAMALLE
DE SÈZE
BELLART ·
BONNET
DENORMANDIE
} Anciens jurisconsultes.

HUA, notaire.

DECORMEILLE, avoué au Tribunal d'appel de Paris.

DUVERGIER.

GOMEL.

Ces deux derniers, avoués au Tribunal de première instance de Paris.

Ce fait en présence de François-René MAHÉRAULT, Commissaire du Gouvernement près le Théâtre-Français, demeurant à Paris, à l'École centrale du Panthéon, division du même nom.

Et encore en présence et de l'avis de Me Gaspard-Gilbert DELAMALLE, demeurant à Paris, rue des Capucines, n° 2, division de la place Vendôme.

RAIMOND de SÈZE, demeurant à Paris, rue des Quatre-Fils, au Marais, n° 17, division du Temple.

Nicolas-François BELLART, demeurant à Paris, rue du Grand-Chantier, n° 8, même division.

Louis-Ferdinand BONNET, demeurant à Paris, rue du Sentier, n° 34, division de Brutus.

Claude-Ernest DENORMANDIE, demeurant à Paris, rue Michel-Lecomte, n° 1, division des Gra-villiers.

(Tous anciens jurisconsultes.)

Vincent GALLICAN DECORMEILLE, avoué au Tribunal d'appel, demeurant à Paris, rue Michel-Lecomte, même division.

Isaac-Benjamin DUVERGIER, demeurant à Paris, cul-de-sac du Doyenné, division des Tuileries, et Jean-Baptiste Samson GOMEL, demeurant rue des Petits-Champs.

Et pour l'exécution des présentes, lesdits Sociétaires font élection de domicile en leur salle d'assemblée au Théâtre-Français, rue de la Loi, auxquels lieux ils consentent la validité de tous actes et exploits de justice, nonobstant changement de demeure, pro-mettant, obligeant, renonçant.

———

DÉCRET IMPÉRIAL

SUR

la Surveillance, l'Organisation, l'Administration, la Comptabilité, la Police et la Discipline

DU

THÉATRE-FRANÇAIS.

———

Au quartier Impérial de Moscou, le 15 octobre 1812.

NAPOLÉON, Empereur des Français, Roi d'Italie, Protecteur de la Confédération du Rhin, Médiateur de la Confédération Suisse, etc., etc.

Sur le rapport de notre Ministre de l'Intérieur,

Notre Conseil d'État entendu,

Nous AVONS DÉCRÉTÉ et DÉCRÉTONS ce qui suit :

TITRE PREMIER.

DE LA DIRECTION ET SURVEILLANCE DU THÉÂTRE-FRANÇAIS.

1. Le Théâtre-Français continuera d'être placé sous la surveillance et la direction du Surintendant de nos spectacles.

2. Un Commissaire impérial, nommé par nous, sera chargé de transmettre aux comédiens les ordres du Surintendant. Il surveillera toutes les parties de l'administration et de la comptabilité.

.3. Il sera chargé, sous sa responsabilité, de faire exécuter, dans toutes leurs dispositions, les règlements et les ordres de service du Surintendant.

A cet effet, il donnera personnellement tous les ordres nécessaires.

4. En cas d'inexécution ou de violation des règlements, il en dressera procès-verbal, et le remettra au Surintendant.

TITRE II.

DE L'ASSOCIATION DU THÉATRE-FRANÇAIS.

SECTION PREMIÈRE.

De la Division en parts.

5. Les comédiens de notre Théâtre-Français continueront d'être réunis en Société, laquelle sera administrée selon les règles ci-après.

6. Le produit des recettes, tous les frais et dépenses prélevés, sera divisé en vingt-quatre parts.

7. Une de ces parts sera mise en réserve, pour être affectée par le Surintendant aux besoins imprévus : si elle n'est pas employée en entier, le surplus sera distribué à la fin de l'année entre les Sociétaires.

8. Une demi-part sera mise en réserve, pour augmenter le fonds des pensions de la Société.

9. Une demi-part sera employée annuellement en décorations, ameublements, costumes du magasin, réparations des loges et entretien de la salle, d'après les ordres du Surintendant. Les réserves ordonnées par les art. 7, 8 et 9 n'auront lieu que successivement et à mesure des vacances.

10. Les vingt-deux parts restantes continueront d'être réparties entre les comédiens Sociétaires, depuis un huitième de part jusqu'à une part entière, qui sera le *maximum*.

11. Les parts ou portions de parts vacantes seront accordées ou distribuées par le Surintendant de nos spectacles.

SECTION II.

Des Pensions et Retraites.

§ I. — DU TEMPS NÉCESSAIRE POUR OBTENIR LA PENSION ET DE SA QUOTITÉ.

12. Tout Sociétaire qui sera reçu contractera l'engagement de jouer pendant vingt ans ; et, après vingt ans de services non interrompus, il pourra prendre sa retraite, à moins que le Surintendant ne juge à propos de le retenir.

Les vingt ans dateront du jour des débuts, lorsqu'ils auront été immédiatement suivis de l'admission à l'essai et ensuite dans la Société.

13. Le Sociétaire qui se retirera après vingt ans aura droit : 1º à une pension viagère de deux mille francs sur les fonds affectés au Théâtre-Français par le décret du 13 messidor an·x ; 2º à une pension de pareille somme sur le fonds de la Société dont il est parlé à l'article 8.

14. Si le Surintendant juge convenable de prolonger le service d'un Sociétaire au-delà de vingt ans, il sera ajouté, quand il se retirera, cent francs de plus par an à chacune des pensions dont il est parlé à l'article précédent.

15. Un Sociétaire qu'un accident ayant pour cause immédiate le service de notre Théâtre-Français ou des théâtres de nos palais, obligerait de se retirer avant d'avoir accompli ses vingt ans, recevra en entier les pensions fixées par l'article 13.

16. En cas d'incapacité de servir, provenant d'une autre cause que celle énoncée dans l'art. 15, le Sociétaire pourra, même avant ses vingt ans de service, être mis en retraite par ordre du Surintendant.

En ce cas, et s'il a plus de dix ans de service, il aura droit à une pension sur les fonds du Gouvernement, et une sur les fonds des Sociétaires ; chacune de ces pensions sera de cent francs par année de service s'il était à part entière, de soixante-quinze francs s'il était à trois quarts de part, et ainsi dans la proportion de sa part dans les bénéfices de la Société.

17. Si le Sociétaire a moins de dix ans de service, le Surintendant pourra nous proposer la pension qu'il croira convenable de lui accorder, selon les services rendus à la Société et les circonstances où il se trouvera.

18. Toutes ces pensions seront accordées par décisions rendues en notre Conseil d'État, sur l'avis du Comité, comme il a été statué pour notre Académie Impériale de Musique, par notre décret du 20 janvier 1811.

§ II. — DES MOYENS DE PAYEMENT DES PENSIONS.

19. Les pensions accordées sur le fonds de cent mille francs de rente accordé par nous à notre Théâtre-Français seront acquittées tous les trois mois sur les fonds qui seront touchés à la caisse d'amortissement.

20. En cas d'insuffisance, il y sera pourvu avec la part mise en réserve pour les besoins imprévus.

21. Pour assurer le payement des pensions accordées sur les fonds particuliers de la Société, il sera prélevé chaque année, et mois par mois, sur la recette générale, une somme de cinquante mille francs.

22. Cette somme sera versée entre les mains du notaire du Théâtre-Français, et placée par lui à mesure pour le compte de la Société, selon les règles prescrites par l'art. 32.

23. Aucun Sociétaire ne peut aliéner ni engager la portion pour laquelle il. contribue au fonds de cette rente.

24. A la retraite de chaque Sociétaire ou à son décès, le remboursement du capital de cette retenue sera fait à chaque Sociétaire ou à ses héritiers, au prorata de ce qu'il y aura contribué.

25. Tout Sociétaire qui quittera le Théâtre sans en avoir obtenu la permission du Surintendant,

perdra la somme pour laquelle il aura contribué, et n'aura droit à aucune pension.

26. Jusqu'à ce qu'au moyen des dispositions ci-dessus une rente de cinquante mille francs soit entièrement constituée, les pensions de la Société seront payées tant sur les intérêts des fonds mis en réserve que sur les recettes générales de chaque mois.

27. Quand la rente sera constituée, s'il y a de l'excédant après le payement annuel des pensions, il en sera disposé pour l'avantage de la Société, avec l'autorisation du Surintendant.

SECTION III.

De la Retraite des Acteurs aux appointements et Employés.

28. Après vingt ans ou plus de service non inter-rompu par un acteur ou une actrice aux appointe-ments, après dix ans de service seulement en cas d'infirmités, enfin en cas d'accident, comme il est dit pour les Sociétaires (art. 15), le Surintendant pourra nous proposer d'accorder, moitié sur le fonds de cent mille francs, moitié sur celui de la Société, une pension, laquelle, tout compris, ne pourra excéder la moitié du traitement dont l'acteur ou l'actrice aura joui, les trois dernières années de son service.

29. Le Commissaire Impérial pourra aussi obtenir

une retraite ou pension d'après les règles établies en l'article 28 ; mais elle sera payée en entier sur le fonds de cent mille francs.

TITRE III.

SECTION PREMIÈRE.

De l'Administration des Intérêts de la Société.

30. Un Comité composé de six hommes membres de la Société, présidé par le Commissaire impérial, et ayant un secrétaire pour tenir registre des délibérations, sera chargé de la régie et administration des intérêts de la Société.

Le Surintendant nommera, chaque année, les membres de ce Comité.

Ils seront indéfiniment rééligibles.

Trois de ces membres seront chargés de l'expédition de ses résolutions.

31. Le Surintendant pourra les révoquer et remplacer à volonté.

32. Les fonctions de ce Comité seront particulièrement :

1° De dresser, chaque année, le budget ou état présumé des dépenses de tout genre, de le soumettre à l'examen de l'assemblée générale des Sociétaires et à l'approbation du Surintendant.

2° D'ordonner et faire acquitter, dans les limites portées au budget pour chaque nature de dépenses, celles qui seront nécessaires pour toutes les parties du service ; à l'effet de quoi, un de ses membres sera préposé à la signature des ordres de fourniture ou de travail, et des mandats de payement ;

3° De la passation de tous marchés, obligations pour le service, ou actes pour la Société ;

4° D'inspecter, régler et ordonner dans toutes les parties de la salle, du Théâtre, des magasins, etc.;

5° De vérifier les recettes, d'inspecter la caisse et de faire effectuer le payement des parts, traitements, pensions ou sommes mises en réserve selon le présent règlement ;

6° D'exercer pour tous recouvrements, ou en tout autre cas, tant en demandant qu'en défendant, toutes les actions et droits de la Société, après avoir toutefois pris l'avis de l'assemblée générale et l'autorisation du Surintendant.

SECTION II.

Des Dépenses, Payements, et de la Comptabilité.

33. Le caissier sera nommé par le Comité, et soumis à l'approbation du Surintendant.

Il fournira en immeubles un cautionnement de soixante mille francs, dont les titres seront vérifiés par le notaire du Théâtre, qui fera faire tous les actes conservatoires au nom de la Société.

34. A la fin de chaque mois les états de recette et dépense seront arrêtés par le Comité, et approuvés par le Commissaire impérial.

35. D'après cet arrêté et cette approbation, seront prélevés sur la recette, d'abord les droits d'auteur, ensuite toutes les dépenses : 1° pour appointements d'acteurs, traitements d'employés ou gagistes ; 2° la somme prescrite pour le fonds des pensions de la Société ; 3° le montant des mémoires, tant pour dépenses courantes que fournitures extraordinaires.

36. Le reste sera partagé conformément aux articles 6, 7, 8, 9 et 10.

37. Le caissier touchera tous les trois mois, à la caisse d'amortissement, le quart des cent mille francs de rente affectés au Théâtre-Français, et soldera, avec ces vingt-cinq mille francs, et, au besoin, avec le produit de la part dont il est parlé à l'article 7, sur des états dressés par le Commissaire impérial, et arrêtés par le Surintendant : 1° les pensions des acteurs retirés ou autres pensionnaires; 2° les indemnités pour supplément d'appointements accordées aux acteurs ; 3° le traitement du Commissaire impérial ; 4° le loyer de la salle.

38. A la fin de chaque année, le caissier dressera le compte des recettes et dépenses, pour le fonds de la Société.

39. Ce compte sera remis au Comité, qui l'examinera et donnera son avis.

Il sera présenté ensuite à l'assemblée générale des Sociétaires, qui pourra nommer une commission de trois de ses membres, pour le revoir, et y faire des observations, s'il y a lieu, dans une autre assemblée générale.

Enfin le compte sera soumis au Surintendant, qui l'approuvera, s'il y a lieu.

40. Le caissier dressera également le compte des cent mille francs accordés par le Gouvernement, et des parts mises à la disposition du Surintendant. Ce compte sera visé par le Commissaire impérial et arrêté par le Surintendant.

41. Sur la part réservée aux besoins imprévus, il pourra être accordé par le Surintendant, aux acteurs ou actrices qui se trouveraient chargés de dépenses trop considérables de costumes ou de toilette, une autorisation pour se faire faire par le magasin, des habits pour jouer un ou plusieurs rôles.

SECTION III.

Des Assemblées générales.

42. L'assemblée générale de tous les Sociétaires

est convoquée nécessairement par le Comité, et a lieu pour les objets suivants :

1° Au plus tard dans la première semaine du dernier mois de l'année, pour examiner et donner son avis sur le budget de l'année suivante, conformément au paragraphe premier de l'art. 32.

2° Au plus tard dans la dernière semaine du premier mois de chaque année, pour examiner le compte de l'année précédente, et ensuite pour entendre le rapport de la commission, s'il y en a eu une nommée.

43. L'assemblée générale doit être, en outre, convoquée par le Comité toutes les fois qu'il y a lieu à placement de fonds, actions à soutenir, en défendant ou demandant, dépenses à faire excédant celles autorisées par le budget ; cas auquel l'assemblée générale doit donner son avis, après quoi le Surintendant décide, après avoir vu l'avis du Conseil, dont il est parlé au titre VII.

44. L'assemblée générale peut, au surplus, être convoquée par ordre du Surintendant, quand il juge nécessaire de la consulter, ou avec son autorisation, si le Comité la demande, pour tous les cas extraordinaires et imprévus.

TITRE IV.

DE L'ADMINISTRATION THÉATRALE.

SECTION PREMIÈRE.

Disposition générale.

45. Le Comité établi par l'art. 30 sera également chargé de tout ce qui concerne l'administration théâtrale, la formation des répertoires, l'exécution des ordres de début, la réception des pièces nouvelles, sous la surveillance du Commissaire impérial et l'autorité du Surintendant.

SECTION II.

Des Répertoires.

§ I. — DE LA DISTRIBUTION DES EMPLOIS.

46. Le Surintendant déterminera, aussitôt la publication du présent règlement, la distribution exacte des différents emplois.

Il fera dresser en conséquence un état général de toutes les pièces, soit sues, soit à remettre, avec les noms des acteurs et actrices sociétaires qui doivent jouer en premier, en double et en troisième, les rôles de chacune de ces pièces, selon leur emploi et leur

ancienneté, afin qu'il n'y ait plus aucune contesta-
tion à cet égard.

47. Nul acteur ou actrice ne pourra tenir en premier deux emplois différents, sans une autorisation
spéciale du Surintendant, qui ne l'accordera que
rarement et pour de puissants motifs.

48. Si un acteur ou actrice tenant un emploi en
chef veut jouer dans un autre, par exemple, si, tenant
un emploi tragique, il veut jouer dans la comédie,
ou si, jouant les rôles de jeune premier, il veut jouer
un autre emploi, il ne pourra primer celui qui tenait
l'emploi en chef auparavant ; mais il tiendra ledit
emploi en second, quand même il serait plus ancien
que son camarade.

Notre Surintendant pourra seulement l'autoriser à
jouer les rôles du nouvel emploi qu'il voudra prendre,
alternativement avec celui qui les jouait en chef ou
en premier.

§ II. — DE LA FORMATION DU RÉPERTOIRE.

49. Le répertoire sera formé dans le Comité établi par l'article 3o, auquel seront adjointes, pour cet
objet seulement, deux femmes Sociétaires, conformément à l'arrêt du Conseil du 9 décembre 1780 (1).

(1) Cet arrêt se trouve au Dépôt des Lois.

50. Les répertoires seront faits de manière que chaque rôle ait un second ou double désigné, qui puisse jouer à défaut de l'acteur en premier, s'il a des excuses valables, et sans que, pour cause de l'absence d'un ou plusieurs acteurs en premier, la pièce puisse être changée ou sa représentation retardée.

51. Pour veiller à l'exécution du répertoire, deux Sociétaires seront adjoints au Comité, sous le titre de *Semainiers* ; chaque Sociétaire sera Semainier à son tour.

52. Si un double étant chargé d'un rôle par le répertoire tombe malade, le chef se portant bien sera tenu de le jouer, sur l'avis que lui en donnera le Semainier.

53. Un acteur en chef ne pourra refuser de jouer ni abandonner tout à fait à son double aucun des premiers rôles de son emploi ; il les jouera, bons ou mauvais, quand il sera appelé par le répertoire.

54. Aucun acteur en chef ne pourra se réserver un ou plusieurs rôles de son emploi. Le Comité prendra les mesures nécessaires pour que les doubles soient entendus par le public dans les principaux rôles de leurs emplois respectifs trois ou quatre fois par mois.

Il veillera également à ce que les acteurs à l'essai

soient mis à portée d'exercer leurs talents et de faire juger leurs progrès.

Les acteurs jouant les rôles en second pourront réclamer en cas d'inexécution du présent article ; et le Surintendant donnera des ordres sans délai pour que le Comité s'y conforme, sous peine, envers l'acteur en chef opposant et chacun des membres du Comité qui n'y auront pas pourvu, d'une amende de trois cents francs.

Notre Commissaire près le Théâtre sera responsable de l'inexécution du présent article, s'il n'a dressé procès-verbal des contraventions, à l'effet d'y faire pourvoir par le Surintendant et de faire payer les amendes.

55. Nos comédiens seront tenus de mettre tous les mois un grand ouvrage, ou du moins deux petits ouvrages, nouveaux ou remis.

Dans le nombre de ces pièces seront des pièces d'auteurs vivants.

Il est enjoint au Comité et au Surintendant de tenir la main à l'exécution de cet article.

56. Les assemblées des samedis de chaque semaine continueront d'avoir lieu ; et tous les acteurs seront tenus de s'y trouver pour prendre communication du répertoire.

Il continuera d'être délivré des jetons aux acteurs présents.

57. Tous acteurs et actrices pourront faire des observations, et demander des changements au répertoire pour des motifs valables, sur lesquels il sera statué provisoirement par le Commissaire impérial, et définitivement par le Surintendant.

58. Le répertoire se fera, la première fois, pour quinze jours. Il en sera envoyé copie au Préfet de police.

Le samedi d'après se fera celui de la semaine en suivant, et ainsi successivement.

59. Quand le répertoire aura été réglé, chacun sera tenu de jouer le rôle pour lequel il aura été inscrit, à moins de causes légitimes approuvées par le Comité présidé par le Commissaire impérial, et dont il sera rendu compte au Surintendant, sous peine de cent cinquante francs d'amende.

60. Si un acteur ayant fait changer la représentation pour cause de maladie est aperçu dans une promenade, à un spectacle, ou s'il sort de chez lui, il sera mis à une amende de trois cents francs.

SECTION III.

Des Débuts.

61. Le Surintendant donnera seul les ordres de début sur notre Théâtre-Français. Les débuts

n'auront pas lieu du 1er novembre jusqu'au
15 avril.

62. Ces ordres seront présentés au Comité, qui
sera tenu de les enregistrer, et de mettre au premier
répertoire les trois pièces que les débutants demanderont.

63. Le Surintendant pourra appeler pour débuter
les élèves de notre Conservatoire, ceux des maîtres
particuliers, ou les acteurs des autres théâtres de
notre Empire ; auquel cas, leurs engagements
seront suspendus, et rompus s'ils sont admis à
l'essai.

64. Les acteurs et actrices qui auront des rôles
dans ces pièces ne pourront refuser de les jouer,
sous peine de cent cinquante francs d'amende.

65. On sera obligé indispensablement à une répétition entière pour chaque pièce où les débutants
devront jouer, sous peine de vingt-cinq francs
d'amende pour chaque absent.

66. Le Comité proposera ensuite d'autres rôles à
jouer par le débutant ; et le Surintendant en déterminera trois que le débutant sera tenu de jouer
après des répétitions particulières et une répétition
générale, comme il est dit à l'article 65.

67. Les débutants qui auront eu des succès et
annoncé des talents seront reçus à l'essai au

moins pour un an, et ensuite comme Sociétaires par le Surintendant, selon qu'il le jugera convenable.

TITRE V.

DES PIÈCES NOUVELLES ET DES AUTEURS.

68. La lecture des pièces nouvelles se fera devant un Comité de neuf personnes choisies parmi les plus anciens Sociétaires, par le Surintendant, qui nommera en outre trois suppléants pour que le nombre des membres du Comité soit toujours complet.

69. L'admission a lieu à la pluralité absolue des voix.

70. Si une partie des voix est pour le renvoi à correction, on refait un tour de scrutin sur la question du renvoi, et on vote par oui ou non.

71. S'il n'y a que quatre voix pour le renvoi à correction, la pièce est reçue.

72. La part d'auteur dans le produit des recettes, le tiers prélevé pour les frais, est du huitième pour une pièce en cinq ou en quatre actes, du douzième pour une pièce en trois actes, et du seizième pour une pièce en un et en deux actes ; cependant les

auteurs et les comédiens peuvent faire toute autre convention de gré à gré.

73. L'auteur jouit de ses entrées, du moment où sa pièce est mise en répétition, et les conserve trois ans après la première représentation pour un ouvrage en cinq et en quatre actes, deux ans pour un ouvrage en trois actes, un an pour une pièce en un ou deux actes. L'auteur de deux pièces en cinq ou en quatre actes, ou de trois pièces en trois actes, ou de quatre pièces en un acte, restées au théâtre, a ses entrées sa vie durant.

TITRE VI.

DE LA POLICE.

74. La présidence et la police des assemblées, soit générales, soit des divers Comités, sont exercées par le Commissaire impérial.

75. Tout sujet qui manque à la subordination envers ses supérieurs, qui, sans excuses jugées valables, fait changer le spectacle indiqué sur le répertoire, ou refuse de jouer soit un rôle de son emploi, soit tout autre rôle qui peut lui être distribué pour le service des théâtres de nos palais, ou qui fait manquer le service en ne se trouvant pas à son poste aux heures fixées, est condamné, suivant la gravité des cas, à l'une des peines suivantes.

76. Ces peines sont les amendes, l'exclusion des assemblées générales des Sociétaires et du Comité d'administration, l'expulsion momentanée ou définitive du Théâtre, la perte de la pension et les arrêts.

77. Les amendes au-dessous de vingt-cinq francs sont prononcées par le Comité, présidé par le Commissaire impérial.

L'exclusion des assemblées générales et du Comité d'administration peut l'être de la même manière ; mais le Commissaire impérial est tenu de rendre compte des motifs au Surintendant.

Le Commissaire impérial qui aura requis le Comité d'infliger une peine, en instruira, en cas de refus, le Surintendant qui prononcera.

78. Les amendes au-dessus de vingt-cinq francs et les autres punitions sont infligées par le Surintendant, sur le rapport motivé du Commissaire impérial.

L'expulsion définitive n'aura lieu que dans les cas graves, et après avoir pris l'avis du Comité.

79. Aucun sujet ne peut s'absenter sans la permission du Surintendant.

80. Les congés sont délivrés par le Surintendant qui n'en peut pas accorder plus de deux à la fois,

ni pour plus de deux mois; ils ne peuvent avoir lieu que depuis le 1er mai jusqu'au 1er novembre.

81. Tout sujet qui, ayant obtenu un congé, en outrepasse le terme, paye une amende égale au produit de sa part, pendant tout le temps qu'il aura été absent du Théâtre.

82. Lorsqu'un sujet, après dix années de service, aura réitéré pendant une année la demande de sa retraite, et qu'il déclarera qu'il est dans l'intention de ne plus jouer sur aucun théâtre, ni français, ni étranger, sa retraite ne pourra lui être refusée ; mais il n'aura droit à aucune pension ni à retirer sa part du fonds annuel de cinquante mille francs.

TITRE VII.

DISPOSITIONS GÉNÉRALES.

83. Les comédiens français ne pourront se dispenser de donner tous les jours spectacle, sans une autorisation spéciale du Surintendant, sous peine de payer, pour chaque clôture, une somme de cinq cents francs qui sera versée dans la caisse des pauvres, à la diligence du Préfet de police.

84. Tout Sociétaire ayant trente années de service effectif pourra obtenir une représentation à son bénéfice, lors de sa retraite : cette représentation ne pourra avoir lieu que sur le Théâtre-Français, conformément à notre décret du 29 juillet 1807.

85. Tout sujet retiré du Théâtre-Français ne pourra reparaître sur aucun théâtre, soit de Paris, soit des départements, sans la permission du Surintendant.

86. Toutes les affaires contentieuses seront soumises à l'examen d'un Conseil de jurisconsultes ; et on ne pourra faire aucune poursuite judiciaire au nom de la Société sans avoir pris l'avis du Conseil.

Ce Conseil restera composé ainsi qu'il l'est aujourd'hui, et sera réduit à l'avenir, par mort ou par démission, au nombre de trois jurisconsultes, deux avoués, et au notaire du Théâtre.

En cas de vacance, la nomination se fera par le Comité, avec l'agrément du Surintendant.

87. Le Surintendant fera les règlements qu'il jugera nécessaires pour toutes les parties de l'administration intérieure.

88. Les décrets des 29 juillet et 1er novembre 1807 sont maintenus en tout ce qui n'est pas contraire aux dispositions ci-dessus.

TITRE VIII.

DES ÉLÈVES DU THÉATRE-FRANÇAIS.

§ I. — NOMBRE, NOMINATION, INSTRUCTION ET ENTRETIEN DES ÉLÈVES.

89. Il y aura à notre Conservatoire Impérial dix-huit élèves pour notre Théâtre-Français, neuf de chaque sexe.

90. Ils seront désignés par notre Ministre de l'Intérieur : ils seront âgés au moins de quinze ans.

91. Ils seront traités au Conservatoire comme les autres pensionnaires qui y sont admis pour le chant et la tragédie lyrique.

92. Ils pourront suivre les classes de musique ; mais ils seront plus particulièrement appliqués à l'art de la déclamation, et suivront exactement les cours des professeurs, selon le genre auquel ils seront destinés.

93. A cet effet, indépendamment des professeurs, il y aura pour l'art dramatique deux répétiteurs d'un genre différent, lesquels feront répéter et travailler les élèves, chaque jour, dans les intervalles des classes, à des heures qui seront fixées.

94. Il y aura, en outre, un professeur de grammaire, d'histoire et de mythologie appliquées à l'art dramatique, lequel enseignera spécialement les élèves destinés au Théâtre-Français.

95. Les élèves seront examinés tous les ans par les professeurs et le directeur du Conservatoire ; et il sera rendu compte du résultat à notre Ministre de l'Intérieur et au Surintendant des théâtres.

96. Les élèves qui ne donneraient pas d'espérances ne continueront pas leurs cours, et ils seront remplacés.

97. Ceux qui ne seraient pas encore capables de débuter sur notre Théâtre-Français pourront, avec la permission du Surintendant, s'engager pour un temps au théâtre de l'Odéon, ou dans les troupes des départements.

98. Ceux qui seront jugés capables de débuter pourront recevoir du Surintendant un ordre de début, et être, selon leurs moyens, mis à l'essai au moins pendant un an, et ensuite admis comme Sociétaires, comme il est dit article 67.

§ II. — DES DÉPENSES POUR LES ÉLÈVES
DE L'ART DRAMATIQUE.

99. La dépense pour chacun des élèves est fixée à onze cents francs ;

Le traitement pour chacun des répétiteurs, à deux mille francs ;

Le traitement du professeur, à trois mille francs.

100. En conséquence, notre Ministre de l'Intérieur disposera, sur le fonds des dépenses imprévues de son ministère, d'une somme de vingt-six mille huit cents francs en sus de celle allouée pour notre Conservatoire Impérial de musique.

101. Nos Ministres de l'intérieur, de la police, des finances, du trésor, et le Surintendant de nos spectacles, sont chargés, chacun en ce qui le concerne, de l'exécution du présent décret, qui sera inséré au *Bulletin des Lois*.

Signé : NAPOLÉON.

Par l'Empereur :

Le Ministre secrétaire d'État par intérim,

Signé : DUC DE CADORE.

DÉCRET

modifiant le régime administratif du Théâtre de la République (Théâtre-Français).

Extrait du *Moniteur* du 30 Avril 1850.

AU NOM DU PEUPLE FRANÇAIS.

Le Président de la République,

Vu le rapport de la Commission des théâtres, chargée par le Ministre de l'Intérieur de rechercher les moyens d'apporter au régime administratif du Théâtre de la République les modifications dont la nécessité sera reconnue ;

Vu les avis du Conseil d'État, délibérés dans ses séances des 5 et 6 mars et 11 avril 1850 ;

Vu le décret du 15 octobre 1812 ;

Sur le rapport du Ministre de l'Intérieur,

Décrète :

TITRE PREMIER.

DE L'ADMINISTRATION DU THÉATRE-FRANÇAIS.

§ I. — DE L'ADMINISTRATEUR.

Article premier. Le Théâtre-Français est placé sous la direction d'un Administrateur nommé par le Ministre de l'Intérieur.

Art. 2. L'Administrateur du Théâtre-Français est chargé : 1° de présenter, chaque année, à l'approbation du Ministre de l'Intérieur, le budget du Théâtre, dressé par le Comité d'administration et soumis à l'examen de l'assemblée générale des Sociétaires ;

2° D'ordonner, dans les limites portées au budget pour chaque nature de dépenses, celles qui seront nécessaires pour toutes les parties du service, et de signer à cet effet tous ordres de fournitures et mandats de payements ;

3° De passer les marchés, souscrire les obligations

pour le service, et signer tous actes dans l'intérêt de la Société, conformément aux délibérations du Comité : ceux des actes dont la durée excédera une année devront être approuvés par le Ministre de l'Intérieur ;

4° D'exercer, tant en demandant qu'en défendant, conformément aux délibérations du Comité, toutes les actions et tous les droits de la Société des comédiens, après avoir pris l'avis du Conseil de la Comédie, de l'assemblée générale, et l'autorisation du Ministre ; de faire tous actes conservatoires et tous recouvrements ;

5° De faire les engagements d'acteurs pensionnaires dont la durée n'excède pas une année ;

6° D'inspecter, régler et ordonner, dans toutes les parties de la salle et des magasins, et de déléguer à cet effet, s'il le juge nécessaire, un ou plusieurs membres du Comité d'administration ;

7° De prendre toutes les mesures relatives au service intérieur, aux entrées, loges et billets de faveur, à la convocation et à la tenue des Comités et des assemblées générales, aux affiches et annonces dans les journaux ;

8° De distribuer les rôles, sauf le droit des auteurs, et sans pouvoir imposer aux Sociétaires des rôles en dehors de leurs emplois ;

9° De statuer définitivement sur la formation du répertoire et sur les débuts ;

10° De donner les tours de faveur, lesquels ne pourront être accordés à plus d'une pièce sur deux ouvrages reçus ;

11° De donner les congés, en se conformant, pour leur répartition, aux dispositions du règlement, et sans pouvoir en accorder plus de six mois à l'avance, ni pour des époques périodiques ;

12° De prononcer des amendes, dans les limites du maximum et du minimum fixés par le règlement.

Il exerce, en outre, les fonctions attribuées par le décret du 15 octobre 1812 au Commissaire du Gouvernement près le Théâtre-Français.

Art. 3. L'Administrateur, après avoir pris l'avis du Comité d'administration, propose au Ministre de l'Intérieur :

1° Les admissions de Sociétaires ;

2° Les accroissements successifs de la part d'intérêt social, en ayant égard tant à la durée et à l'importance des services qu'à la nature de l'emploi ; ces augmentations pourront être, à l'avenir, d'un douzième de la part sociale ;

3° Les engagements d'acteurs pensionnaires dont la durée excède une année ;

4

4° Les décisions relatives au partage des bénéfices et à la fixation des allocations annuelles attribuées aux Sociétaires ;

5° Les règlements relatifs aux congés, aux amendes et aux autres peines disciplinaires, aux feux, à la composition du Comité de lecture, à la nomination de ses membres et à la tenue de ses séances.

Art. 4. L'Administrateur donne son avis au Ministre de l'Intérieur sur tous les objets non compris dans les articles précédents concernant le Théâtre-Français.

Art. 5. Toutes les personnes attachées au service du Théâtre, le caissier et le contrôleur général exceptés, sont à la nomination de l'Administrateur.

Art. 6. L'Administrateur présente au Ministre de l'Intérieur, le 1er avril et le 1er octobre de chaque année, un rapport détaillé sur sa gestion, dans lequel il fait connaître les pièces reçues à l'étude ou jouées, les travaux des acteurs et les résultats généraux de l'exploitation.

Art. 7. Les rapports semestriels de l'Administrateur sont communiqués avec toutes les pièces justificatives au Comité d'administration, qui, sous la présidence du membre le plus anciennement reçu Sociétaire, est admis à les discuter et adresse directement ses observations au Ministre de l'Intérieur.

Art. 8. L'Administrateur ne peut faire représenter aucune pièce n'ayant pas encore fait partie du répertoire du Théâtre-Français, si elle n'a été admise par le Comité de lecture.

Art. 9. L'Administrateur a droit :

1° A un traitement égal au maximum de l'allocation annuelle d'un Sociétaire ;

2° A une part dans les bénéfices nets, égale à deux fois le maximum d'une part de Sociétaire.

Il lui est alloué, en outre, pour frais de service, une indemnité dont la quotité est fixée par le Ministre de l'Intérieur.

§ II. — DU COMITÉ D'ADMINISTRATION.

Art. 10. Le Comité d'administration, composé conformément à l'art. 30 du décret du 15 décembre 1812, dresse le budget du Théâtre.

Il délibère :

1° Sur les comptes du Théâtre, sur les marchés à passer, sur les obligations à souscrire, sur les crédits extraordinaires et placements de fonds ;

2° Sur les actions à intenter ou à soutenir au nom de la Société ;

3° Sur les objets compris dans l'article 3 ;

4° Sur les rapports semestriels de l'Administrateur ;

5° Sur la mise à la retraite des Sociétaires après dix ans de service.

§ III. — DE L'ASSEMBLÉE GÉNÉRALE.

Art. 11. L'Assemblée générale des Sociétaires délibère :

1° Sur le budget des comptes du Théâtre, sur les crédits extraordinaires et placements de fonds ;

2° Sur les actions à intenter ou à soutenir au nom de la Société.

TITRE II.

DES SOCIÉTAIRES.

Art. 12. Chaque Sociétaire a droit à une allocation annuelle, à des feux, à une quotité dans les bénéfices nets, à une représentation à son bénéfice, à une pension.

L'allocation annuelle, calculée proportionnellement à la quotité de la part sociale, ne peut dépasser le maximum des allocations fixes, précédemment accordées aux Sociétaires ; elle sera payable par douzième.

La quotité des feux, suivant les services et les emplois, sera déterminée par le règlement.

La quotité dans les bénéfices nets est proportionnée à la part ou portion de part de chaque Sociétaire ;

Une moitié est mise en réserve et soumise aux dispositions des art. 22, 23, 24, 25, 26 et 27 du décret du 15 octobre 1812.

La représentation à bénéfice est accordée au Sociétaire à l'époque de sa retraite définitive, après vingt ans au moins de service en qualité de Sociétaire.

La pension de retraite ne sera acquise à l'avenir qu'après vingt années de service, à partir du jour de l'admission au titre de Sociétaire. Elle est fixée et liquidée conformément au décret du 15 octobre 1812. Elle ne peut, dans aucun cas, sauf les droits acquis, dépasser la quotité déterminée par l'article 13 dudit décret.

Art. 13. Après une période de dix années de service à partir du jour de la réception, il sera statué de nouveau sur la position de chaque Sociétaire reçu postérieurement à la promulgation du présent décret. Le Ministre, après avoir pris l'avis de l'Administrateur et du Comité d'administration, pourra prononcer la mise à la retraite conformément à l'art. 16 du décret du 15 octobre 1812.

Dans ce cas le Sociétaire aura droit au tiers de la pension qui lui aurait été due après vingt ans de service, et sera libre d'exercer son art, soit à Paris, soit dans les départements.

Art. 14. Tout Sociétaire qui, après vingt années de service, n'aura pas été, en vertu de l'art. 14 du décret du 15 octobre 1812, mis en demeure de continuer à jouer sur le Théâtre-Français, sera libre de jouer sur les théâtres des départements. Il ne pourra jouer sur les théâtres de Paris qu'avec l'autorisation du Ministre de l'Intérieur, et sauf interruption du payement de sa pension de retraite, pendant la durée des engagements qu'il aura contractés sur ces théâtres.

Art. 15. Les acteurs sont tenus, sous les peines qui seront déterminées par le règlement, de se soumettre aux ordres de service donnés par l'Administrateur.

Ils ne peuvent, sous les mêmes peines :

1° Refuser aucun rôle de leur emploi, ni s'opposer à ce qu'un autre acteur le partage avec eux ;

2° S'absenter sans congé ni dépasser le terme du congé obtenu.

Les peines disciplinaires autres que les amendes ne peuvent être prononcées que par décision du Ministre de l'Intérieur, sur la proposition de l'Administrateur.

TITRE III.

DE LA COMPTABILITÉ.

Art. 16. Le budget des recettes et des dépenses du Théâtre-Français est dressé chaque année et approuvé dans les formes prescrites par l'article 2.

Il comprend les prévisions de recettes et de dépenses afférentes à toute la durée de l'exercice.

Art. 17. Sont seuls considérés comme appartenant à un exercice les services faits et les droits acquis à la Société ou à ses créanciers, du 1er janvier au 31 décembre de l'année qui donne son nom audit exercice.

Art. 18. Il est ouvert, au budget de chaque exercice, un chapitre spécial destiné à pourvoir aux dépenses que le Ministre de l'Intérieur croirait utile d'autoriser, dans l'intérêt du Théâtre, en dehors ou en supplément des prévisions portées aux chapitres du budget.

La quotité du crédit ouvert par ce chapitre est déterminée chaque année par le Ministre ; elle ne peut excéder le cinquième du montant de la subvention.

Il ne peut être imputé de dépense sur ledit chapitre qu'avec l'autorisation du Ministre.

Art. 19. Les placements de fonds et les dépenses

extraordinaires, non prévus au budget ou excédant les crédits alloués, ne peuvent être proposés et autorisés que dans les mêmes formes que le budget.

Art. 20. Le caissier ne peut faire aucun payement que sur un mandat signé de l'Administrateur.

Pour les dépenses extraordinaires prévues par les articles 18 et 19, l'ordonnancement ne peut avoir lieu qu'en vertu d'une autorisation spéciale du Ministre de l'Intérieur.

La répartition des bénéfices entre les Sociétaires ne peut avoir lieu que suivant un état dressé par l'Administrateur et approuvé par le Ministre de l'Intérieur.

Art. 21. La comptabilité du caissier est tenue en partie double.

Il y a un journal, un grand-livre, et autant de livres auxiliaires qu'il y a sur le grand-livre de comptes donnant lieu à des développements.

Chaque opération inscrite dans la comptabilité du Théâtre doit être appuyée de justifications régulières.

Art. 22. L'Administrateur tient enregistrement des mandats de recette et de dépense qu'il délivre, des marchés et engagements qu'il souscrit, des entrées, loges et billets de faveur qu'il accorde, des ordres généraux de service, et de tous les actes qu'il fait ou ordonne dans l'intérêt de la Société.

Art. 23. Le 15 de chaque mois, pour le mois précédent, l'Administrateur adresse au Ministre de l'Intérieur le compte des recettes et des dépenses de la Société, avec toutes les justifications réclamées par le Ministre.

Art. 24. La comptabilité du Théâtre est soumise, sur la demande du Ministre de l'Intérieur, à la vérification des inspecteurs généraux et particuliers des finances.

La gestion de l'Administrateur est soumise aux inspections administratives que le Ministre juge utile d'ordonner.

Art. 25. Il sera procédé, dans le délai de trois mois par un agent du Ministre de l'Intérieur, concurremment avec l'Administrateur et le plus ancien des Sociétaires, à un récolement général de tous les objets composant le matériel, le mobilier, la collection de tableaux et de sculptures, les archives et la bibliothèque du Théâtre.

Les mouvements de ce matériel sont soumis à une comptabilité d'entrée et de sortie.

Chaque année, les résultats de cette comptabilité sont constatés dans un inventaire, et il est procédé à un récolement général, dans les formes indiquées ci-dessus.

Un double du procès-verbal de récolement est

remis au Ministère de l'Intérieur, après avoir été communiqué au Comité d'administration.

Art. 26. Le compte de l'exercice de chaque année reste ouvert jusqu'au 1er avril, pour le complément des opérations engagées avant le 31 décembre de l'année précédente, conformément à l'art. 16.

Il est définitivement arrêté le 1er mai de l'année suivante.

Il comprend toutes les recettes réalisées et les droits acquis dans la période de l'exercice ; toutes les dépenses faites ou engagements contractés, pour des services faits, pendant la même période, et constate l'excédent de recettes, formant les bénéfices à répartir, conformément aux art. 9 et 12 ci-dessus.

Art. 27. Ce compte est certifié par l'Administrateur, soumis par lui à l'examen de l'Assemblée générale et à l'approbation du Ministre.

A l'appui dudit compte sont joints :

1° Un état présentant la situation des valeurs de caisse et de portefeuille, à la date de la clôture de l'exercice ;

2° Un état des engagements contractés ;

3° L'inventaire du matériel ;

Art. 28. Les dispositions encore en vigueur du décret du 15 octobre 1812 auxquelles il n'est pas dérogé par le présent décret continuent à recevoir leur exécution.

Le Ministre de l'Intérieur continue à exercer ceux des pouvoirs conférés au Surintendant, à l'égard desquels il n'est point statué par le présent décret.

Art. 29. Le Ministre de l'Intérieur est chargé de l'exécution du présent décret.

Fait à Paris, à l'Elysée National, le 27 avril 1850.

LOUIS-NAPOLÉON BONAPARTE.

Le Ministre de l'Intérieur,

J. BAROCHE.

DÉCRET

CONCERNANT

LA COMÉDIE-FRANÇAISE.

Extrait du *Moniteur* du 23 novembre 1859.

NAPOLÉON,

Par la grâce de Dieu et la volonté nationale, Empereur des Français,

A tous présents et à venir, salut :

Sur le rapport de notre Ministre d'État,

Vu les articles 12, 13 et 72 du décret du 15 octobre 1812,

Vu les articles 12 et 13 du décret du 27 avril 1850,

Vu le rapport de la Commission chargée d'examiner l'organisation actuelle du Théâtre-Français et de rechercher si des modifications utiles pourraient y être apportées,

Notre Conseil d'État entendu,

Avons décrété et décrétons ce qui suit :

Art. 1. L'art. 72 du décret du 15 octobre 1812 est modifié ainsi qu'il suit :

Art. 72. La part d'auteur dans le produit brut des recettes est de 15 p. 100 par soirée, à répartir entre les ouvrages, tant anciens que modernes, faisant partie de la composition du spectacle, conformément au tableau suivant :

Une pièce seule.		15 p. 100
, 2 pièces égales . .	7 1/2 chacune.	15
4 ou 5 actes.	11. . . . . ⎫	
1 ou 2 actes. . . .	4. . . . . . . ⎬	15
4 ou 5 actes. . . .	9. . . . . . . ⎫	
3 actes	6. . . . . . . ⎬	15
3 actes	10. . . . . . ⎧	
1 ou 2 actes. . . .	5. . . . . . . ⎩	15
3 pièces égales . .	5 chacune . .	15
4 ou 5 actes. . . .	8. . . . . . . ⎫	
1 ou 2 actes. . . .	3 1/2. . . . . ⎬	15
1 ou 2 actes. . . .	3 1/2. . . . . ⎭	
4 ou 5 actes.	7. . . . . . . ⎫	
3 actes	5. . . . . . . ⎬	15
1 ou 2 actes. . . .	3. . . . . . . ⎭	
3 actes	7. . . . . . . ⎫	
1 ou 2 actes. . . .	4. . . . . . . ⎬	15
1 ou 2 actes. . . .	4. . . . . . . ⎭	
3 actes	5 1/2. . . . . ⎫	
3 actes	5 1/2. . . . . ⎬	15
1 ou 2 actes. . . .	4. . . . . . . ⎭	

Cependant, les auteurs et les comédiens pourront faire toute autre convention de gré à gré, à la condition de ne pas réduire les droits d'auteur fixés dans le tableau précédent.

Art. 2. A l'avenir, la pension de retraite sera acquise, fixée et liquidée conformément au décret du 15 octobre 1812. Elle ne peut, dans aucun cas, sauf les droits acquis, dépasser la quotité déterminée par l'art 13 dudit décret.

Art. 3. Après une période de dix années de services, à partir du jour des débuts, lorsqu'ils auront été immédiatement suivis de l'admission comme artiste aux appointements, et ensuite comme Sociétaire, il sera statué de nouveau sur la position de chaque Sociétaire reçu postérieurement à la promulgation du présent décret. Le Ministre, après avoir pris l'avis de l'Administrateur et du Conseil d'administration, pourra prononcer la mise à la retraite, conformément à l'art. 16 du décret du 15 octobre 1812.

Dans ce cas, le Sociétaire aura droit au tiers de la pension qui lui aurait été due après vingt ans de services, et sera libre d'exercer son art soit à Paris, soit dans les départements.

Art. 4. Les avantages résultant de l'article précédent pourront être appliqués à ceux des Sociétaires actuels qui ont été nommés postérieurement au décret du

27 avril 1850, et qui demanderont, après dix années de services, comme pensionnaires et comme Sociétaires, que leur position soit révisée conformément à l'article précédent.

Ceux des Sociétaires qui, n'étant pas maintenus dans leur position, se trouveraient alors avoir, à l'aide de leurs services antérieurs, plus de dix années d'exercice, pourront recevoir, pour chacune des années qui en formeront l'excédant, deux cents francs de pension imputables moitié sur le fonds de cent-mille francs (réduit aujourd'hui à quatre-vingt-dix mille francs), moitié sur celui de la Société.

Art. 5. Les dispositions du décret du 27 avril 1850 qui sont contraires au présent décret sont abrogées.

Art. 6. Notre Ministre d'Etat est chargé de l'exécution du présent décret.

Fait au palais de Compiègne, le 19 novembre 1859.

NAPOLÉON.

Par l'Empereur.

Pour le Ministre d'État,

ACHILLE FOULD.

DÉCRET

approuvant les conventions relatives à la pension supplémentaire de mille francs.

———

Le Président de la République Française,

Sur le rapport du Ministre de l'Instruction publique, des Cultes et des Beaux-Arts ;

Vu le décret du 15 octobre 1812,

Vu l'ordonnance royale du 12 mai 1822,

Vu l'ordonnance royale du 15 juillet 1823,

Vu le décret du 27 avril 1850,

Vu le décret du 19 novembre 1859,

Vu la convention établie entre les Sociétaires du Théâtre-Français par acte passé devant Mᵉ Doxon et son collègue, Notaires à Paris, les 16, 20, 22 et 31 mars 1877, enregistré le 3 avril suivant,

Le Conseil d'Etat entendu,

Décrète :

Article premier. Sont approuvées les conventions passées entre les Sociétaires du Théâtre-Français par acte public en date des 16, 20, 22 et 31 mars 1877, et ayant pour objet, sous les conventions déterminées audit acte, d'ajouter à la pension de quatre mille francs, fixée par les règlements actuels, une pension supplémentaire de mille francs, qui sera prélevée sur les recettes générales du Théâtre-Français.

Art. 2. Le Ministre de l'Instruction publique, des Cultes et des Beaux-Arts est chargé de l'exécution du présent décret.

Fait à Paris, le 6 juillet 1877.

Maréchal DE MAC-MAHON,

Duc de Magenta.

Par le Président de la République :

Le Ministre de l'Instruction publique, des Cultes et des Beaux-Arts.

Joseph BRUNET.

DÉCRET

rétablissant le Comité de lecture à la Comédie-Française.

Extrait du *Journal Officiel* du 4 juin 1910.

Le Président de la République Française,

Sur le rapport du Ministre de l'Instruction publique et des Beaux-Arts,

Vu les décrets des 15 octobre 1812, 27 avril 1850, 1er février 1887, 12 octobre 1901,

Décrète :

Article premier. L'Administrateur général de la Comédie-Française reçoit les pièces nouvelles sur l'avis conforme d'une Commission présidée par lui et composée, en outre, de dix membres titulaires et deux membres suppléants.

Les membres titulaires sont :

1° Les six membres du Comité d'administration ;

2° Deux Sociétaires élus par l'Assemblée générale des Sociétaires ;

3° Les deux Sociétaires femmes comptant le plus d'années de services dans le sociétariat.

L'Assemblée générale des Sociétaires élit un membre suppléant.

Le Sociétaire femme comptant le plus d'années de services après les deux titulaires est l'autre suppléant.

Les membres suppléants sont appelés à siéger par rang d'ancienneté de services en cas d'absence des membres titulaires.

Art. 2. La présence de sept membres au moins, non compris l'Administrateur général, sera nécessaire pour délibérer.

La Commission élit le Secrétaire de ses séances.

Les avis seront exprimés à la pluralité des voix. En cas de partage, la voix de l'Administrateur général sera prépondérante.

Art. 3. La lecture des ouvrages sera faite soit par l'auteur lui-même, soit par un lecteur de son choix, soit par un membre de la Commission et en présence de l'auteur, si celui-ci le désire.

Art. 4. Après la lecture de l'ouvrage, les membres de la Commission délibèreront : ils exprimeront leur avis motivé sur un bulletin signé de leur nom avec l'une des mentions suivantes : pièces à recevoir, à refuser, à admettre à une seconde lecture.

Le résultat du vote sera relaté au procès-verbal de chaque séance en regard du nom des votants.

Art. 5. Les pièces sont déposées au secrétariat du Théâtre-Français et inscrites sur un registre spécial à la date du jour de leur dépôt.

Art. 6. Les pièces d'auteurs n'ayant encore eu aucun ouvrage représenté à la Comédie-Française seront soumises à l'examen préalable de l'un des Lecteurs de la Comédie.

Sur chaque pièce il sera remis par le Lecteur un rapport à l'Administrateur général qui en donnera connaissance, avec son avis motivé, à la Commission.

Celle-ci décidera s'il y a lieu ou non à lecture.

Art. 7. Le décret du 12 octobre 1901 est abrogé ; sont également abrogées les dispositions des décrets des 15 octobre 1812, 27 avril 1850 et 1er février 1887, qui sont contraires au présent décret.

Fait à Paris, le 3 juin 1910.

A. FALLIÈRES.

Par le Président de la République :

Le Ministre de l'Instruction publique et des Beaux-Arts.

GASTON DOUMERGUE.

DÉCRET

concernant les pensions de retraite
des artistes aux appointements
et employés à traitement fixe
du Théâtre-Français.

Extrait du *Journal Officiel* du 24 décembre 1910.

Le Président de la République Française,

Sur le rapport du Ministre de l'Instruction publique et des Beaux-Arts,

Vu le décret du 15 octobre 1812 sur l'organisation du Théâtre-Français, et notamment la section III du titre II,

Décrète :

Article premier. Les artistes aux appointements et les employés à traitement fixe ont droit à une pension de retraite après vingt ans de services non interrompus.

Le temps passé en congé régulier est valable pour la retraite.

Peuvent également obtenir pension, s'ils comptent dix années de services non interrompus, ceux qui, par suite d'accidents, d'infirmité ou de maladie, sont reconnus hors d'état de continuer leurs fonctions.

Art. 2. Après vingt-cinq ans de services, la pension est fixée à la moitié du traitement moyen dont l'ayant droit a joui pendant les trois dernières années, sans pouvoir dépasser 5.000 francs.

Au-dessous de vingt-cinq ans, la pension est réglée à raison d'un cinquantième dudit traitement moyen par année de services, sans pouvoir être inférieure à 300 francs.

Le montant de la pension ne pourra comprendre des fractions de franc.

Art. 3. A droit à une pension la veuve d'artiste appointé ou de l'employé qui a obtenu une pension de retraite en vertu du présent décret ou qui a accompli la durée de services exigée par l'article premier, pourvu que le mariage ait été contracté six ans avant la cessation des fonctions du mari et n'ait pas été dissous par le divorce.

La pension de la veuve est de la moitié de la pension que le mari avait obtenue ou à laquelle il aurait eu droit.

Art. 4. La veuve d'un Sociétaire a droit, sous les conditions prévues à l'article précédent pour les veuves des artistes appointés et des employés, à la réversibilité de la moitié de la pension concédée ou qui aurait pu être concédée au mari décédé.

Toutefois la part réversible ne pourra, en aucun cas, dépasser 2.500 francs.

Art. 5. L'orphelin ou les orphelins d'un Sociétaire, d'un artiste appointé ou d'un employé ayant obtenu sa pension ou ayant accompli la durée de services exigée pour l'obtenir ont droit, jusqu'à l'âge de dix-huit ans accomplis, à une pension temporaire lorsque la mère est décédée, ou inhabile à recueillir la pension, ou déchue de ses droits.

Cette pension est, quel que soit le nombre des enfants, égale à celle que la mère aurait obtenue ou pu obtenir.

Elle est partagée par portions égales et payée jusqu'à ce que le plus jeune des enfants ait atteint l'âge de dix-huit ans accomplis, la part de ceux qui décéderaient ou celle des enfants ayant dépassé dix-huit ans faisant retour aux plus jeunes.

S'il existe une veuve et un ou plusieurs orphelins mineurs de dix-huit ans, provenant d'un mariage antérieur du défunt, il est prélevé sur la pension de la veuve et sauf réversibité en sa faveur, un quart au profit de l'orphelin du premier lit, s'il n'en existe qu'un en bas âge de minorité, et la moitié s'il en existe plusieurs.

Art. 6. Les pensions de toute nature sont concédées par le Conseil d'administration et leur montant est porté au budget du Théâtre-Français comme dépense obligatoire.

Les payements ont lieu à la caisse du Théâtre-Français trimestriellement à terme échu.

Fait à Paris, le 23 décembre 1910.

A. FALLIÈRES.

Par le Président de la République :

Le Ministre de l'Instruction publique et des Beaux-Arts.

Maurice FAURE.

TABLE

LILLE, IMPRIMERIE LEFEBVRE-DUCROCQ

www.ingramcontent.com/pod-product-compliance
Lightning Source LLC
Chambersburg PA
CBHW071251200326
41521CB00009B/1719

* 9 7 8 2 0 1 4 5 1 7 3 1 6 *